So schmeckt mir das

Das Handbuch für kleine *Bio*-Köche

Mit Wissen, Ideen und Rezepten für Zuhause und den Kindergarten

Liebe Mitmenschen

Kinder sind neugierig auf alles Unbekannte. Sie lernen spielend die Welt zu begreifen. Kinder wollen entdecken und ausprobieren.

Doch wer in der Stadt aufwächst, kennt keinen Bauernhof. Wer nur Fertiggerichte isst, hat keine Vorstellung, was Kochen bedeutet und wie frisch zubereitetes Essen schmeckt.

Das Buch „So schmeckt mir das" enthält anschauliche Informationen und Ideen über Bio-Lebensmittel – von ihrer Entstehung bis zu ihrer Zubereitung. Zur Beantwortung der vielen Fragen der Kinder gibt es Anregungen und Vorschläge, wie Sie als Eltern oder Erzieher kreativ darauf eingehen können: ein Ausflug auf den Bio-Hof zum Beispiel, das Ziehen von Pflanzen zuhause und viele leckere Rezepte zum gemeinsamen Kochen mit Kindern. Das sind herrliche Ideen, die Ihnen helfen, die Kinder zum Mitmachen und zum Sammeln eigener Erfahrungen anzuregen.

Je mehr die Kinder die Welt selbst „ergreifen", umso sicherer werden sie ihren Lebensweg später selbstständig gestalten können. Deshalb ist Alnatura seit seinem Bestehen in verschiedenster Art initiativ, um immer mehr Kindern zu ermöglichen, Bio selbst zu entdecken.

Mit herzlichen Grüßen

Götz E. Rehn
Alnatura Gründer und Geschäftsführer

ALLES ÜBER **6** BIO

Entdeckungsreise **8** BAUERNHOF

4

HEUTE SCHON **10** GEACKERT?

Mal säen … **12** **13** SPROSSEN *sprießen*

*Wunder*KÖRNER **14**

BACKTAG **16**

5

24 REZEPTE

26 FRÜHSTÜCKS-BOOTE
30 DER DICKE FETTE PFANNEKUCHEN
32 PICKNICK MIT GRÜNEM
34 RINGELRAUPE
36 QUATSCH MIT SAUCE
38 PIZZA-PUZZLE

40 LAVA-NUDELN
42 KUSSKUSS
44 MÜMMEL-MUFFINS
46 DALMATINER-QUARK
48 KEKSMONSTER
50 SÜSSE UFOS
52 SÜSSWASSER-BOWLE

56 Nützliche ADRESSEN
SAISONKALENDER

Was ist Bio?

„Bio" – so heißen Lebensmittel aus ökologischem Landbau.
Sie erkennen diese Produkte am **Bio-Siegel**. Das
kennzeichnet Lebensmittel, die nach bestimmten, **umwelt-
schonenden** Methoden hergestellt werden. Zum Beispiel:

· Es werden **keine chemischen Mittel** gegen Unkraut und
  Schädlinge gespritzt.
· Es wird **kein Kunstdünger** verwendet.
· Die Tiere werden **artgerecht** gehalten.
· **Tierarzneimittel** im Futter sind **verboten**, kranke Tiere
  werden möglichst mit pflanzlichen oder homöopathischen
  Heilmitteln behandelt.
· **Gentechnik** ist **tabu**.
· Die Lebensmittel dürfen **nicht bestrahlt** werden.
· Es werden **keine Geschmacksverstärker**, Farbstoffe, natur-
  identische oder künstliche Aromen verwendet.

Ist Bio gesünder?

Bio-Lebensmittel enthalten praktisch **keine Rückstände**
wie chemische Pflanzenschutzmittel oder Antibiotika beim
Fleisch. Durch die natürliche Düngung enthalten sie im
Allgemeinen weniger unerwünschtes Nitrat.

Sieht Bio anders aus?

Vielleicht entdecken Sie eine Apfelsorte, die Sie noch
nie gesehen haben. Oder Sie können bei Kartoffeln
zwischen fünf **höchst unterschiedlichen Sorten**
wählen – von feinen Hörnchen bis zu dicken, mehligen.
Die Trockenaprikosen sind dunkel, weil **nicht geschwefelt**
und der Fruchtsaft hat seine **natürliche Farbe**.
Aber auf den ersten Blick sehen Sie keinen Unterschied.

ALLES

Riecht Bio anders?

Wenn Sie mit verbundenen Augen in einen Bio-Supermarkt
geführt werden – wetten, dass es dort anders riecht als beim
Discounter? Hier riechen die Lebensmittel nach sich selbst –
es werden keine Raum-Deos oder parfümierte Putzmittel
benutzt. Das sind wir nicht mehr gewohnt.
Vorherrschend ist der **Duft nach Getreide, Gewürzen
und Tee**. Achten Sie einmal darauf.

Ist Bio *teurer*?

Ja – zumindest auf den ersten Blick. Aber Bio-Anbau belastet Boden, Wasser und Luft durch umweltschonende Methoden weniger als konventioneller Anbau. Tiere werden artgerecht gehalten.
Es entstehen also **geringere Folgekosten für uns alle**. Der Bauer hat durch all das einen niedrigeren Ertrag, deshalb muss er seine Produkte teurer verkaufen. Im Bio-Supermarkt finden Sie dennoch relativ günstige Produkte, weil dort größere Mengen umgesetzt werden.
Übrigens: Wir geben heute durchschnittlich nur noch rund 12% unseres Einkommens für Essen und Trinken aus. Müssen wir wirklich daran noch weiter sparen?

Wie viel Bio gibt es *in anderen* europäischen *Ländern?*

Schweden, Österreich und die Schweiz sind schon weiter als wir: über 10% der landwirtschaftlichen Fläche werden dort biologisch bearbeitet.
Italien und England haben Deutschland in den letzten Jahren überholt: Es gibt also noch viel zu tun!

Ist *Bio drin,* wo Bio draufsteht?

Ja. Denn BIO ist **gesetzlich geschützt**. Bio-Produzenten werden bei Kontrollstellen – vergleichbar dem TÜV – gemeldet und mindestens einmal im Jahr kontrolliert. Die Nummer der **Öko-Kontrollstelle** finden Sie auf jedem Bio-Produkt. Jeder Bio-Bauernhof ist registriert.
Zusätzlich untersucht der Fachhandel, wie zum Beispiel Alnatura, regelmäßig die Produkte.

ÜBER BIO

Wie viel *Bio-Landbau* gibt es bei uns?

Ca. 6% der Landwirte in Deutschland sind Bio-Bauern, sie bearbeiten **etwa 6% unserer landwirtschaftlich genutzten Fläche**. Ein Bio-Bauer in Deutschland hat im Durchschnitt einen 63 Fußballfelder großen Betrieb (etwa 60 ha) und ernährt damit 100 Menschen.
Das macht bei 22.200 Bio-Bauern 2.220.000 Menschen.

Entdeckungsreise
BAUERNHOF

Auf dem Bauernhof gibt es für Kinder viel zu entdecken und zu bestaunen – und viele Fragen, die gestellt werden müssen: Warum? Woher? Wie? Und was? Am besten kann wohl der Bauer weiterhelfen – also: nur Mut!
Aus Schätzen wie Hühnerfedern, einer Hand voll Stroh, einer Ähre oder Wiesenblumen wird in den nächsten Tagen noch eine bunte Kollage: ein Abenteuerbild Bauernhof.

Ohne Trecker könnte der Bauer nicht arbeiten, denn er braucht ihn als **Zugmaschine** für viele Geräte: Für **Pflug** und **Egge**, die den Boden bearbeiten, für die **Sämaschine** und die **Bodenwalze**, für den **Miststreuer**, für das **Grasmähwerk**, zum Anhängen von **Vieh-, Ernte-** oder **Wasserwagen**. Für die Getreideernte braucht der Bauer einen Mähdrescher.

Erst nach der Geburt eines Kalbes gibt die Kuh **Milch**. Die ersten Tage bleibt ein Bio-Kalb bei seiner Mutter. Danach braucht es nur noch einen kleinen Teil der Milch, der größte Anteil geht in die Molkerei.

Tipp

Kostprobe?
Klären Sie, was die Kinder pflücken und probieren dürfen. Vorsicht bei Milch: Rohmilch kann Keime enthalten und sollte vor dem Verzehr abgekocht werden.

Auf dem **Komposthaufen** landen alle „organischen", also pflanzlichen Abfälle aus Garten und Haus. Bei Viehhaltung gibt es noch einen Misthaufen, wo die Exkremente samt Streu und die Gülle aufgehäuft werden. Der Komposthaufen bietet sich für Erkundungen an – wenn der Bauer eine Schaufel Kompost von unten entnimmt und die Kinder mit Eimer, Sieb, Schaufeln und Lupe den Inhalt untersuchen dürfen.

12 bis 15 Monate lang legt eine Legehenne **täglich 1 Ei** – und manchmal sogar 2. Dann wird sie zum Suppenhuhn. Gibt es einen **Hahn**, sind die Eier befruchtet und können in etwa 21 Tagen ausgebrütet werden. Ob braun oder weiß, hängt allein von der **Hühnerrasse** ab. Die Farbe des Dotters wird durchs **Futter** bestimmt. Bio-Hennen dürfen hinaus ins Freie. Am liebsten picken sie Gras, Getreide, Insekten und Würmer.

Schmeckt es süß oder sauer?

Kannst du schmecken, was es ist?

Magst du den Geschmack?

Wo hast du das schon geschmeckt?

WIE...

Erkennst du am Geruch, was es ist?

Gibt es Stellen, die stärker riechen?

Verändert sich der Geruch,
wenn es angeschnitten oder gerieben ist?

Woran erinnert dich der Geruch?

WIE...

Kannst du ertasten, was du in der Hand hältst?

Welche Form hat es?
Kannst du etwas Besonderes erkennen?

Wie fühlt es sich an?
Ist es fest oder weich, glatt oder rau?

FÜHLT SICH AN

KERN**GESUND!**

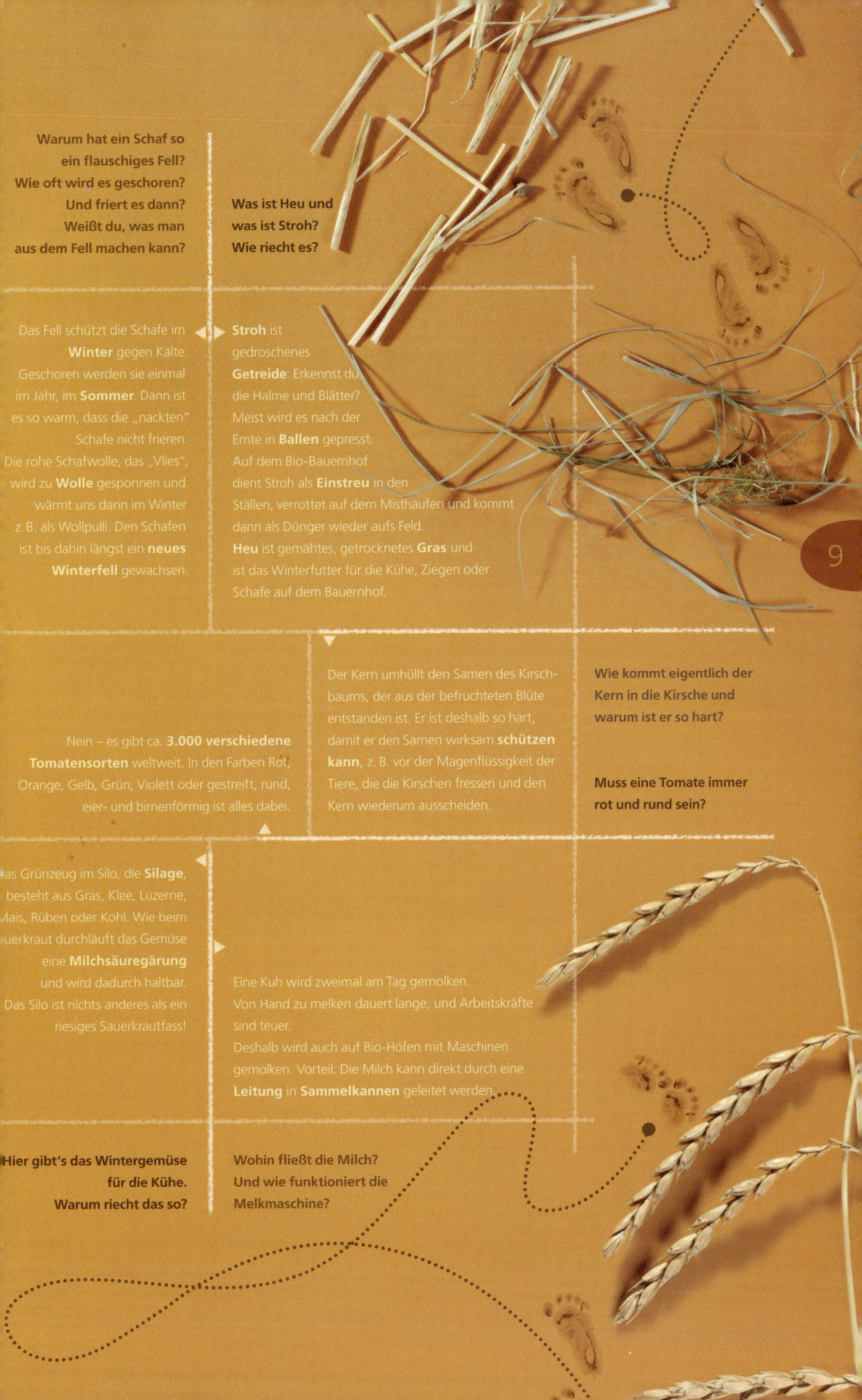

Warum hat ein Schaf so
ein flauschiges Fell?
Wie oft wird es geschoren?
Und friert es dann?
Weißt du, was man
aus dem Fell machen kann?

Was ist Heu und
was ist Stroh?
Wie riecht es?

Das Fell schützt die Schafe im **Winter** gegen Kälte. Geschoren werden sie einmal im Jahr, im **Sommer**. Dann ist es so warm, dass die „nackten" Schafe nicht frieren. Die rohe Schafwolle, das „Vlies", wird zu **Wolle** gesponnen und wärmt uns dann im Winter z. B. als Wollpulli. Den Schafen ist bis dahin längst ein **neues Winterfell** gewachsen.

Stroh ist gedroschenes **Getreide**: Erkennst du die Halme und Blätter? Meist wird es nach der Ernte in **Ballen** gepresst. Auf dem Bio-Bauernhof dient Stroh als **Einstreu** in den Ställen, verrottet auf dem Misthaufen und kommt dann als Dünger wieder aufs Feld. **Heu** ist gemähtes, getrocknetes **Gras** und ist das Winterfutter für die Kühe, Ziegen oder Schafe auf dem Bauernhof.

Der Kern umhüllt den Samen des Kirschbaums, der aus der befruchteten Blüte entstanden ist. Er ist deshalb so hart, damit er den Samen wirksam **schützen kann**, z. B. vor der Magenflüssigkeit der Tiere, die die Kirschen fressen und den Kern wiederum ausscheiden.

Wie kommt eigentlich der
Kern in die Kirsche und
warum ist er so hart?

Muss eine Tomate immer
rot und rund sein?

Nein – es gibt ca. **3.000 verschiedene Tomatensorten** weltweit. In den Farben Rot, Orange, Gelb, Grün, Violett oder gestreift, rund, eier- und birnenförmig ist alles dabei.

…as Grünzeug im Silo, die **Silage**, besteht aus Gras, Klee, Luzerne, …ais, Rüben oder Kohl. Wie beim …uerkraut durchläuft das Gemüse eine **Milchsäuregärung** und wird dadurch haltbar. Das Silo ist nichts anderes als ein riesiges Sauerkrautfass!

Eine Kuh wird zweimal am Tag gemolken. Von Hand zu melken dauert lange, und Arbeitskräfte sind teuer. Deshalb wird auch auf Bio-Höfen mit Maschinen gemolken. Vorteil: Die Milch kann direkt durch eine **Leitung** in **Sammelkannen** geleitet werden.

Hier gibt's das Wintergemüse
für die Kühe.
Warum riecht das so?

Wohin fließt die Milch?
Und wie funktioniert die
Melkmaschine?

Bio-Bauer Bienemann fängt den Tag mit Aufstehn an.

Heute schon geackert?
EIN TAG AUF DEM BAUERNHOF

Zuerst die Milch …

dann das Gras und Stroh …

und alle Kühe muhen froh.

Jetzt erstmal Frühstück, das gibt Kraft.
Danach wird wieder viel geschafft.

Mit dem Traktor auf dem Feld
fühlt Bienemann sich wie ein Held.

Frau Bienemann legt Ei für Ei
in ihren Korb (sie singt dabei),

das Gemüse pflanzt sie auch,
und pflegt jeden Tomatenstrauch.

Bei Bienemanns
am Mittagstisch
ist alles selbst gekocht
und frisch.

Jeden Tag gibt's Feldarbeit,
hier ist gerade Erntezeit.

Noch einmal Melken
(nicht vergessen),

… erst danach gibt's
Abendessen.

Halb Zehn –
das Tagwerk ist vollbracht,
Bienemann sagt „Gute Nacht".

Mal säen ...
WAS DA WÄCHST

Ein unscheinbares Samenkorn
in die Erde zu stecken und
daraus eine Pflanze entstehen
zu sehen, fasziniert Kinder –
erst recht, wenn man die Pflanze
essen kann!

12

1 **Wasser** weckt die Keimsaaten aus ihrem Dornröschenschlaf. **Wasche sie erst …**

2 und **weiche sie dann ein.**

3 Gib die abgetropften Saaten in das Glas. Nun ein **Netztuch** (z.B. Faschingstüll) mit einem **Gummiband** über der Öffnung befestigen.

Fertig ist das **Keimglas!**

4 Stelle das Glas so **auf den Kopf,** dass es abtropfen kann und Luft bekommt.

5 Halte es zweimal am Tag unter den Wasserhahn, **spüle es gut durch** und stelle es wieder auf den Kopf.

6 Wenn die Sprossen lang genug sind, ist **Erntezeit:** Wasche sie in einem Sieb. Am besten schmecken sie frisch!

SPROSSEN
sprießen

Sprossen bringen Kindern das Wunder des Wachstums näher. Sie erleben, wie aus einem scheinbar „toten" Samen ein lebendiger Keimling wird, dem sie beim Wachsen fast zusehen können.

Ein Keimglas ist leicht selbst gebaut und der richtige Platz dafür schnell gefunden: Zimmertemperatur, indirektes Sonnenlicht und ausreichend Luft – so haben die Samen die idealen Bedingungen zum Keimen.

Geeignet sind Hülsenfrüchte, Getreide, Sonnenblumenkerne oder spezielle Keimsaaten.

Tipp Ein Keimversuch mit Vollkornreis und poliertem Reis zeigt, welche Kraft im Vollkorn steckt. Denn beim Polieren wird nicht nur die Fruchtschale entfernt, sondern auch der Keim aus dem Korn herausgebrochen.

13

	KEIMSAAT	EINWEICHEN	SPÜLEN	ERNTE NACH
Alfalfa	3 EL	6 Stunden	2-mal/Tag	6–7 Tagen
Mungobohne	3 EL	12 Stunden	2-mal/Tag	3–5 Tagen
Sonnenblumenkerne	4 EL	6 Stunden	2-mal/Tag	1–2 Tagen
Weizenkörner	6 EL	12 Stunden	2-mal/Tag	2–4 Tagen

Beim Keimen vervielfacht sich der **Vitamingehalt** des Samens, er entwickelt **Enzyme**, seine **Nährstoffe** werden leichter verdaulich – eine echte Kraftnahrung vor allem im Winter. Auf einem Butterbrot, im Kräuterquark oder Salat oder aus dem Wok schmecken die Winzlinge besonders gut.

Wichtig: Kein behandeltes Saatgut zum Keimen verwenden. Sprossen aus Hülsenfrüchten wie Bohnen und Linsen müssen vor dem Essen kurz erhitzt werden. **Achten Sie darauf, dass die Sprossen keinen Schimmel entwickeln** – aber verwechseln Sie ihn nicht mit dem feinen weißen Flaum der Faserwurzeln!

Wunder KÖRNER

BESONDERS DINKEL!

Schon vor 4.000 Jahren wurde in Süddeutschland Dinkel angebaut und gegessen. Erst viel später wurde aus diesem „Urkorn" Weizen gezüchtet.

Dinkel ist ausgesprochen robust und genügsam: Er eignet sich nicht für den Intensivanbau und ist deshalb das ideale Bio-Getreide. Sein reichhaltiges Eiweiß lässt Gebäck besonders gut gelingen. Dinkel schmeckt nussig-aromatisch. Wer Weizen nicht verträgt, kommt mit Dinkel oft besser zurecht.

1 Sind die Körner reif? Dann schneide die **Ähren** ab.

2 Daher kommt das Wort „**verdreschen**".

3 Puste **Spelzen** und Unkrautsamen weg.
Die kannst du nicht gebrauchen.

4 Nicht einfach, zwischen den **Steinen** Körner zu mahlen.
Früher gab es dafür Mahlsteine.

5 Mit einer **Mühle** geht das viel leichter.

6 Wie schmeckt das **Mehl**? Anders als das Mehl aus der Tüte?

14

Zeitplan

Am Anfang erfordert die Vorbereitung Konzentration.
Aber nach einiger Zeit werden Sie noch nicht einmal mehr
abwiegen müssen. Dann haben Sie das „im Gefühl".

Gegen 8 Uhr	Backofen auf 50°C heizen. Mehl in einer hitzefesten Schüssel 5 Minuten vorwärmen.
Bis etwa 8.20 Uhr	Den Teig aus Mehl, Hefe, Salz und Wasser mischen und ca. 10 Minuten kräftig kneten. Mit einem Tuch bedeckt im Backofen bei 50°C ca. 20 Minuten gehen lassen.
Etwa 8.45 Uhr	Saaten, Raspelapfel oder andere Zutaten jetzt erst unter den Teig kneten. Nun dürfen die Kinder kneten: die Wärme ihrer Hände entfaltet die Triebkraft des Teiges.
Etwa 9.00 Uhr	Backblech einfetten, Teig portionieren und zu Brotlaiben formen. Mit Saaten bestreuen. In den kalten Ofen schieben, auf 220°C hochheizen. Brote ca. 50 Minuten backen.
Etwa 10.00 Uhr	Die Brote sind fertig! Ein feuchtes Tuch auflegen, 10 Minuten abkühlen lassen. Dann aus der Form nehmen und kurz ausdampfen lassen. Das warme Brot in fingerdicke Scheiben schneiden.
Etwa 10.15 Uhr	Gemeinsames Frühstück!

2 WÄRME

Für Kinder ist fein gemahlenes **Vollkornmehl** ideal. Wärmen Sie das Mehl vor und nehmen Sie lauwarmes Wasser zum Verkneten. Dann geht der **Teig** schön schnell auf.

Heute ist BACKTAG!

Brot backen ist kinderleicht! Und für Kinder ein Erlebnis: Kneten, formen, backen – das macht Spaß und regt ihre Schaffenskraft an. An Zutaten braucht es nicht viel – Mehl, Hefe, ein paar Kerne oder Saaten, und schon duftet es nach frisch gebackenem Brot, mmh – lecker!
Das Dinkelbrot-Rezept von Seite 27 und der Zeitplan helfen dabei.

1 BACKTRIEBMITTEL

Hefe macht das Brot schön locker, egal ob frisch als Würfel oder getrocknet. Für Dinkel- und Weizenmehl ist sie das geeignete Backtriebmittel. Roggenmehl benötigt einen **Sauerteig**.

15 | 16

Hafer isst man bei uns seit 4.000 Jahren als Brei.
Haferflocken sind geschälte, gedarrte und gewalzte Haferkörner. Sie schmecken roh im Müsli oder gekocht als Grütze und noch besser in selbst gebackenen **Haferkeksen**.

HAFER

Weizen wird bei uns am häufigsten gegessen. Es gibt Hart- und Weichweizen.

WEIZEN

Brötchen und alles helle Gebäck werden aus Weizen mehl gebacken.
Couscous ist grober Grieß aus Hartweizen. Traditionell isst man ihn in Nordafrika.
Nudeln macht man aus Hartweizengrieß.

Mais kommt aus Amerika und wächst auch bei uns in Kolben. Du kannst sie auch frisch knabbern.
Öl presst man aus dem Maiskeim im Korn.
Popcorn kannst du selber machen: 1 Hand voll getrockneten Mais in einer Deckelpfanne bei mittlerer Hitze poppen.
Cornflakes werden aus gemahlenem Mais gemacht.

MAIS

Gerste wächst auch im hohen Norden und schmeckt leicht süßlich.
Graupen werden aus Gerstenkörnern rund geschliffen und gekocht.
Malzkaffee wird aus gerösteter Gerste (= Malz) gemacht.

GERSTE

Auch **Malzbier** enthält Gerstenmalz.

Reis isst man in Chinaseit über 10.000 Jahren. Es gibt runde und lange Körner.
Milchreis kannst du aus runden Reiskörnern und Milch selber kochen.
Puffreis-Cracker werden aus gepoppten Reiskörnern gebacken.

REIS

Wildreis ist eigentlich kein Reis: Er gehört zu den Sumpfgräsern.

Roggen ist genügsamer als Weizen und besonders reich an Eisen.
Roggenbrot wird aus Sauerteig gebacken und bleibt sehr lange saftig.

ROGGEN

Pumpernickel wird aus Roggenschrot hergestellt. Man gart es in geschlossenen Behältern im eigenen Dampf.

1 Falte eine **Pappschale**.
Fülle sie mit gesiebter **Gartenerde**.
Feuchte die Erde an.
Streue die **Kressesamen** darauf.

2 Nun musst du die Samen schön
feucht halten: einmal täglich besprühen

3 Wenn die **Kresse** drei Finger hoch
gewachsen ist, kannst du sie mit
der **Schere** abschneiden und auf dein
Butterbrot legen.

Tipp

Ganz einfach geht es auch mit Kürbis-
Radieschen- oder Sonnenblumen-
samen! Getreide braucht kein großes
Feld zum Gedeihen. So kann man z. B.
Weizen drinnen in einem Pflanzkübel
oder im Garten aussäen.

Pflanz- und Erntezeiten stehen im
Saisonkalender am Ende des Buches.

MEHL

Im dunklen **Vollkornmehl** befinden sich noch alle wertvollen Bestandteile des Korns: **Vitamine, Mineral- und Ballaststoffe**. Auskunft darüber gibt die **Mehltype**: Je höher, desto vollkörniger. Vollkornbrot ist die Grundlage für eine gesunde Kinderernährung.

Aber auch das hellere Mehl mit der Type 1050 enthält immer noch doppelt so viel an wertvollen Substanzen wie normales Weißmehl. Es eignet sich für Pizza und süßes Gebäck.

4 TEIG

Kälte und Zugluft bekommen dem **Hefeteig** gar nicht!
Deshalb immer an einem warmen Ort gut abgedeckt gehen lassen, bis er schön aufgeplustert ist.
Dann können die Kinder ihn richtig kneten, weil er nicht mehr so klebt.

5 BACKEN

Am einfachsten gelingt Vollkornbrot in der **Kastenform**.
Nach dem Backen sofort mit einem **feuchten Tuch** bedecken: So bleibt es saftig.

6 BROT

Frisch und noch warm aus dem **Backofen** schmeckt Vollkornbrot am besten!

Tipp

Bei einem Besuch in einer **Bio-Bäckerei** können die Kinder den **Weg** vom Korn bzw. Mehl **zum Brot verfolgen**.
Die meisten Bio-Bäcker arbeiten noch sehr handwerklich – das macht die einzelnen **Arbeitsschritte transparent**.

Adressen und Ansprechpartner finden Sie in der Adressenliste auf Seite 56/57.

18

Knackiges Gemüse und süße Früchte liefern wichtige Vitamine und Mineralstoffe.
In ihrer Vielfalt und ihren jeweiligen Besonderheiten können die Kinder sie mit verbundenen Augen nur durch Tasten, Riechen und Schmecken kennen lernen.

KUNTERBUNT &

Tipp Nehmen Sie frisches Obst, Trockenobst und Obstsaft und lassen Sie durch Probieren herausfinden, was zusammengehört.

Die reife süße Birne ist sehr DRUCKempfindlich. Gehe deshalb vorsichtig mit ihr um.
Beim Pflücken dieser Beeren musst du ganz geschickt sein: An den Zweigen des Strauches wachsen lange STACHELN
Der Apfel ist die ZAHNPASTA der Natur: Er reinigt und schützt die Zähne.
19
WIE...
Die Banane ist krumm, weil sie zum LICHT hin wächst.
Aus dem Aprikosenkern wird ein Öl gewonnen, das ganz ZARTE HAUT macht.
Pflaumen gibt es in unterschiedlichen Größen und FARBEN. Sie heißen dann auch Zwetschgen, Eierpflaumen oder Mirabellen.
Sie ist rund und schwer und voller Saft: Die Wassermelone löscht deinen DURST an heißen Sommertagen.
Die Erdbeere ist eine besondere Frucht: Sie trägt ihre Samen in ihrer glänzend roten HAUT

LÄNGER *lecker!*

Trocknen, Einsalzen, Einzuckern und Einlegen
sind die urspünglichsten Methoden, Lebensmittel haltbar zu machen.
Für Kinder ist das eine spannende Erfahrung.
Sie lernen dabei etwas über die Eigenschaften
von Lebensmitteln. Trocknen geht einfach
und beim Konservieren mit Zucker macht jede
Naschkatze gern mit. Auch Joghurt selber
herstellen ist ein Kinderspiel.
Die „Vorräte" peppen später die
gemeinsamen Mahlzeiten auf.

1 Reife **Äpfel** 1–2 Wochen liegen lassen, bis sie mürbe werden.

2 Kerngehäuse ausstechen, Äpfel in 1/2 cm dicke **Scheiben** schneiden, auf dünne Stäbe in Backofenbreite fädeln.

3 In die **Backofen**-Schienen hängen und 1 Stunde bei 50 °C,

APFELRINGE

anschließend etwa 4 Stunden bei 60 °C trocknen. Ofentür angelehnt lassen.

4 An der **Luft** weitertrocknen lassen.

1 1 kg saubere **Erdbeeren** vierteln, in einem Topf gut mit 1 kg Gelierzucker vermischen. 30 Minuten stehen lassen, bis die Früchte Saft ziehen.

2 Erdbeeren bei mittlerer Hitze langsam zum **Kochen** bringen. Etwa 3 Minuten sprudelnd kochen lassen.

ERDBEER

3 Jetzt die **Gelierprobe**: etwas Konfitüre auf einen Teller geben. Wird sie nicht fest, noch etwas weiter kochen lassen.

4 Wird sie fest, kann sie mit der **Schöpfkelle** in die heiß ausgespülten Gläser gefüllt werden.

KONFITÜRE

5 **Gläser** sofort zuschrauben und für etwa 10 Minuten auf den Kopf stellen.

21

Weiche **Beeren** lassen sich leicht zu Sirup verarbeiten:

1 1 Teil Beeren und 1 Teil Zucker schichtweise in eine **Schüssel** drücken, saften lassen.

2 Etwas Zitronensaft zugeben und im **Kühlschrank** über Nacht ziehen lassen.

BEERENSIRUP

Dann zerdrücken und durch ein **Mulltuch** abtropfen lassen.

3 In saubere kleine **Flaschen** füllen und verschließen.

4 Kühl lagern und im Laufe von 4 Wochen verbrauchen.

Durch Aufkochen vor dem Durchsieben wird die Ausbeute größer und die **Haltbarkeit** verlängert.

1 Pflanzen wie Minze, Malvenblüten oder Salbei, aber auch Beerenblätter oder Lindenblüten lassen

TEE

sich wunderbar trocknen und dann für Teemischungen verwenden.

2 Die Kräuter zusammenbinden, Blätter und Blüten auf **Gitter** legen und bei Zimmertemperatur an einem warmen, aber nicht sonnigen Ort trocknen lassen. Dann in **Blechdosen** aufbewahren.

Toll schmeckt eine **Mischung** aus je 1 Teil Pfefferminze, Brennnessel, Ringelblumen,

KRÄUTER

Frauenmantel und etwas Johanniskraut und Zitronenmelisse.

Joghurt machen geht auch ohne Joghurt-Bereiter – der hält nur die Temperatur!

1 1 Liter **Milch** auf etwa 50 °C (Braten- oder Zuckerthermometer) erhitzen.

2 Mit 2–3 EL **Natur-Joghurt** verrühren und dann am besten in einer **Thermoskanne** bis zum nächsten Morgen stehen lassen.

3 Abfüllen, cremig rühren, kühl stellen und fertig ist der Frühstücksjoghurt.

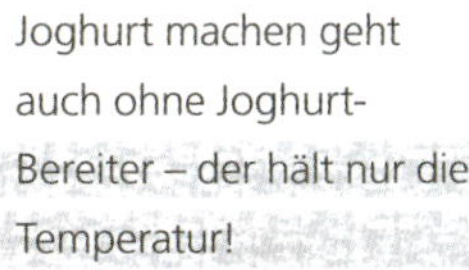

JOGHURT

BIO AUF Welt REISE

Umweltschutz hört nicht an der Landes-
grenze auf: Erde, Luft und Wasser lassen sich
nicht teilen.
In den Ländern der Dritten Welt ist der
Anteil an ökologisch bewirtschafteten Flächen
viel geringer als in Europa oder Nordamerika.
Aber ein Anfang ist gemacht.

WER WEISS, WAS WO WÄCHST?

Viele Lebensmittel, die wir täglich essen
und trinken, kommen von weit her: Kakao
und Kaffee, Reis oder Bananen. Anhand
der **Weltkarte** lässt sich herausfinden, was
wo wächst.

Die **Spielkärtchen**, die man heraustrennen
und der Weltkarte zuordnen kann, verraten
mehr über unsere weitgereisten Lebensmittel.

Was ist fairer Handel?

Fairer Handel verhilft Kleinbauern in der Dritten Welt zu **Mindestpreisen für ihre Erzeugnisse** und sichert damit ihr Existenzminimum. Das gilt vor allem für Lebensmittel, die in Plantagen erzeugt werden wie Kaffee, Tee, Zuckerrohr oder Bananen.

Durch faire Handelsorganisationen haben die Bauern eine Möglichkeit, ihre Ware **direkt** zu **verkaufen**. Und zwar zu einem gestützten Preis. Darüber hinaus werden auch die Lebensbedingungen der Bauern durch Sozialprojekte wie den Bau von Schulen nachhaltig verbessert. Deshalb sind diese Produkte immer etwas teurer.

Warum ist Bio-Anbau in der Dritten Welt wichtig?

Gerade für Kleinbauern ist die **Erhaltung der Bodenfruchtbarkeit** Existenzgrundlage für die nächste Generation. Angemessene Preise, wie sie im Bio-Handel erzielt werden, geben den Bauern die Möglichkeit, ihren Betrieb umzustellen, sich fortzubilden und Kooperativen zu gründen. Dabei werden sie von ihren Handelspartnern beraten.

Chemische Mittel für Unkrautvertilgung und Schädlingsbekämpfung werden besonders in Großbetrieben eingesetzt, weil deren riesige Monokulturen anfällig für Schädlinge und Krankheiten sind.
Folgen sind nicht nur Vergiftungen bei den Arbeitern, sondern auch belastete Lebensmittel und eine Zerstörung der Gesundheit von Boden und Wasser.

Sollten Lebensmittel so weit reisen?

Ökologisch wirtschaften heißt auch, **regionale Produkte** zu **bevorzugen**. Doch es gibt Lebensmittel, auf die wir in unserem Leben nicht verzichten möchten – Kaffee und Tee, Schokolade und Bananen, Orangen und Datteln, Kokosnuss und Ahornsirup beispielsweise – die in unserem **Klima** aber nicht gedeihen. Das kann aber auch einheimische Produkte wie Honig betreffen, wo unsere eigene Ernte in Bio-Qualität den **Bedarf** bei weitem nicht deckt. Den bezieht der Bio-Handel dann z.B. aus Südamerika und Osteuropa.

Der Bio-Handel sucht immer die **nächstgelegene Quelle** und bevorzugt möglichst **umweltfreundliche Transportmittel** wie Schiffe.

Kinderküchen-REZEPTE

Nordpol
Nord-
und
Atlantischer
Ozean
Süd-
amerika
Europa
Asien
Afrika
Indischer
Ozean
Australien
Ahornsirup

Essen ist etwas Alltägliches, aber das eigene Zutun kann es für Kinder zu etwas Besonderem machen. Gemeinsames Kochen und Essen sollte deshalb einen festen Platz im Tagesablauf haben. Und es muss gar nicht aufwändig sein: Viel wichtiger ist, dass die Kinder mithelfen dürfen.
In den nachfolgenden Rezepten sind die Arbeitsschritte, die Kinder bereits selbstständig erledigen können, farbig unterstrichen. Probieren Sie selbst aus, welche Aufgaben Sie Ihrem Kind anvertrauen können.

 **Tipp** Lieblingsrezepte in einem eigenen Kochbuch sammeln. Mit Fotos und Zeichnungen wird es bunt – und gleichzeitig zu einem schönen Geschenk für gute Freunde.

GUT ZU WISSEN:

Gemüse kommt bei den meisten Kindern roh und knackig zum Knabbern viel besser an als gekocht. Beim Schnippeln und Rühren kann jeder mithelfen, und roh enthält das Gemüse eine ganze Batterie an Vitaminen, Mineral- und Bioaktivstoffen.

Kinder brauchen auch regelmäßig Flüssigkeit. Ihr Flüssigkeitsbedarf ist bezogen auf ihr Körpergewicht höher als bei Erwachsenen. Ein Kindergartenkind braucht etwa einen 3/4 Liter am Tag; wenn es viel tobt, oder bei Hitze noch mehr.
Ideale Durstlöscher sind Wasser, ungesüßte Früchte- oder Kräutertees und verdünnte Fruchtsäfte.

Für 2 Brote

Arbeitsgeräte Backofen, hitzefeste große Schüssel, Teelöffel, Messbecher, Geschirrtuch, Reibe, 2 Kastenformen, Fettpinsel

Zubereitungszeit 30–40 Minuten (+ 30 Minuten Gehzeit + 50 Minuten Backzeit)

Frühstücks-BOOTE

Backofen auf 50 °C vorheizen.

1 kg Dinkelvollkornmehl in eine hitzefeste Schüssel geben und im Ofen 5 Minuten anwärmen.

3 gestrichene TL Meersalz und
1–2 Päckchen Trockenhefe unter das Mehl mischen.
(für 1 kg Mehl)

Ca. 600 ml warmes Wasser nach und nach unterkneten, bis ein fester Teig entsteht. Teig in der Schüssel 10 Minuten kräftig mit den Händen kneten: Erst mit einer Hand, dabei die Schüssel gleichmäßig drehen, dann mit beiden Händen.

Teig mit etwas Mehl bestäuben und im 50 °C heißen Ofen ca. 20 Minuten gehen lassen, bis er sein Volumen verdoppelt hat.

1 säuerlichen Apfel waschen und auf der Reibe reiben. Zusammen mit
125 g Saatenmischung unter die Mehlmischung kneten.

Statt Dinkel- **Weizenvollkornmehl** verwenden oder die Saaten durch **gehackte Nüsse** und **Rosinen** ersetzen.

etwas Butter 2 Kastenformen dünn mit auspinseln. Teig in zwei Portionen teilen, noch mal kräftig durchkneten. In weiteren
125 g Saatenmischung wälzen und in die Kastenformen geben.

Brote in den kalten Ofen schieben. Ofen auf 220 °C hoch schalten und die Brote darin ca. 50 Minuten backen. Die fertigen Brote aus dem Ofen nehmen und sofort mit feuchten Geschirrtüchern bedecken.

Pannenhilfe!

Wenn der Hefeteig nicht aufgeht:
In der Schüssel noch einmal bei 50 °C in den **Backofen** stellen.

Tut sich immer noch nichts, 1/2 Päckchen **Trockenhefe** mit 1 EL lauwarmem Wasser anrühren und unterkneten.

Tipp Besonderen Spaß macht es Kindern, wenn jeder sein eigenes **Brötchen** formt. Die Backzeit beträgt dann nur noch 15 Minuten bei 200 °C

27

Für ca. 15 Scheiben Brot

Arbeitsgeräte   Herd, Küchenmesser, Schneidebrett, 2 Kochtöpfe, Kochlöffel, Waage, Messbecher, Wiegemesser, Teelöffel, Pürierstab, Schraubglas

Zubereitungszeit   30–40 Minuten

Apfeltraum

4 reife, süße Äpfel waschen, in Spalten schneiden und die Kerngehäuse entfernen. Mit **einem Schuss Apfelsaft** bei kleiner Hitze weich dünsten.

200 ml Apfelsaft, 30 g Weizengrieß und **50 g Rosinen** zu den Äpfeln geben und unter Rühren aufkochen. Bei schwacher Hitze und gelegentlichem Rühren 3 Minuten quellen lassen.

Inzwischen **100 g Mandeln** in einem kleinen Topf mit Wasser bedecken, aufkochen und in kaltem Wasser abkühlen lassen. Nun lassen sich die Mandeln ganz leicht aus ihrer Schale drücken. Mit dem Wiegemesser hacken und zum Brei geben.

1 TL Zimt und **1 Päckchen Vanillezucker** zum Mix in den Topf geben. Topf vom Herd nehmen und alles fein pürieren.

In das Schraubglas füllen und im Kühlschrank aufbewahren. Hält sich etwa 7 Tage.

Für ca. 15 Scheiben Brot

Arbeitsgeräte Herd, Küchenmesser, Schneidebrett, Kochtopf, Kochlöffel, Waage, Messbecher, Sparschäler, Reibe, Wiegemesser

Zubereitungszeit 30–40 Minuten

Karotten-Streich

2 Zwiebeln sehr fein hacken und in
etwas Butter unter Rühren glasig dünsten.
100 ml Gemüsebrühe dazugießen und aufkochen. Den Topf vom Herd nehmen und
100 g fein geschroteten Hafer dazugeben und verrühren, bis sich die Masse als Kloß vom Boden löst. Nun die Masse mit
100 g Butter kaltrühren.

2 Karotten schälen und fein reiben.
1/2 Bund Dill mit einem Wiegemesser fein hacken.

Die geriebenen Karotten mit dem Dill zur Hafer-Butter-Masse geben und mit
Meersalz abschmecken.

Für ca. 20 Scheiben Brot

Arbeitsgeräte Küchenmesser, Schneidebrett, Wiegemesser, hohes Rührgefäß, Kochlöffel, Esslöffel, Teelöffel, Pürierstab

Zubereitungszeit 30–40 Minuten

Tomatenbutter

250 g Butter warm stellen, damit sie weich wird.

1/2 Bund Petersilie waschen, trocken schütteln und mit dem Wiegemesser fein hacken.

3–4 Knoblauchzehen pellen und klein schneiden. Knoblauch und Butter mit
6 getrockneten Tomaten in Öl,
2 EL Tomatenmark,
3–4 TL Salatkräuter,
1 TL Meersalz und
Pfeffer in ein hohes Rührgefäß geben und mit dem Pürierstab pürieren. Die gehackte Petersilie dazugeben und kalt stellen.

Die **„Type"** gibt an, wieviele **Mineralstoffe** das Mehl enthält: Je größer die Zahl, desto mehr Schalen- und Keimbestandteile des vollen Korns sowie **Vitamine, Mineral-** und **Ballaststoffe** sind noch enthalten.

Vollkornmehl hat keine Type. Es enthält alle Schalenbestandteile und den Keim mit seinen wertvollen Fetten.

Mehl der **Type 1050** kommt bei Kindern gut an: Es hat einen höheren Vitamin-, Mineralstoff- und Ballaststoffgehalt als Weißmehl, **schmeckt nicht so kräftig** wie Vollkornmehl und ist deshalb gut **für süße Sachen** geeignet.

Für 1 Backblech

Arbeitsgeräte Backofen, großes Sieb, Messer, Fettpfanne des Backofens, Fettpinsel, Waage, Messbecher, Küchenmesser, Schneidebrett, Esslöffel, 2 Schüsseln, Schneebesen, Handrührgerät mit Quirlen, hohes Rührgefäß, Teigschaber, kleines Sieb für den Puderzucker

Zubereitungszeit 20 Minuten (+ 15 Minuten Backzeit)

Der dicke fette
PFANNEKUCHEN

Backofen auf 200 °C vorheizen.

1 kg reife Aprikosen waschen und abtropfen lassen, halbieren und entkernen. Fettpfanne des Backofens mit

Butter oder Margarine einpinseln.

8 Eier trennen. Eigelbe und
120 g Vollrohrzucker mit einem Schneebesen verquirlen. Nach und nach
4 EL Kakaopulver,
400 g Dinkelmehl Type 1050,
400 g Naturjoghurt und
1/4 Liter Milch unterrühren.

Eiweiße mit
2 Prisen Meersalz mit dem Handrührgerät steif schlagen und vorsichtig unter den Teig heben. Teig auf das Blech geben und gleichmäßig mit den Aprikosen belegen.

Eierkuchen auf der mittleren Schiene im Backofen etwa 30 Minuten backen.

Nach dem Backen mit
Puderzucker bestäuben.

Statt Aprikosen in Achtel geschnittene **mürbe Äpfel** verwenden. Den Teig dann statt mit Kakaopulver mit **4 EL gehackten Mandeln oder Haselnüssen** verfeinern und den fertigen Eierkuchen mit **Zimt** bestreuen.

Auch frische oder tiefgefrorene **Beeren**, **Kirschen** oder **Pflaumen** sind geeignet.

Dazu passt eine cremige Joghurt-Sahne:
200 ml Sahne mit
2 EL Agavendicksaft und
1 EL Vanillezucker steif schlagen. Kurz bevor die Sahne richtig steif ist,
200 g Naturjoghurt bei schwachem Rühren in die Sahne einfließen lassen.

Für 10 Kinder

Arbeitsgeräte Herd, Schneidebretter, Küchenmesser, Sparschäler, großer Teller zum Anrichten, Schüsseln, Waage, Löffel, Schere, Wiegemesser, Knoblauchpresse, Pfanne, Kochlöffel, Esslöffel, Teelöffel, Pürierstab

Zubereitungszeit ca. 60 Minuten

Gemüse-Sticks

5 Karotten waschen, mit dem Sparschäler schälen und jeweils einmal längs und einmal quer halbieren und in Stifte schneiden.

2 rote Paprika und
1 gelbe Paprika waschen, halbieren, den Stiel, die Kerne und die weißen Zwischenwände entfernen und in Streifen schneiden.

1 große Salatgurke waschen und in 1 cm dicke Scheiben schneiden.

Gemüse auf einer großen Platte dekorativ anrichten.

Zum Knabbern nach Saison **Radieschen**, **Kohlrabi**, **Kirschtomaten** oder **Zucchini** nehmen.

Wiesen-Dip

500 g Speisequark mit
etwas Milch glatt rühren.

1 Bund Schnittlauch waschen, trocken schütteln und mit der Schere in Röllchen schneiden, zum Quark geben.

1 Knoblauchzehe schälen und zum Quark pressen. Mit
Meersalz und
Pfeffer abschmecken und verrühren.

Pizza-Dip

1 Zwiebel schälen und fein hacken.
4 reife Tomaten und
2 rote Paprika waschen und in feine Würfel schneiden.

1–2 EL Olivenöl in einer kleinen Pfanne erhitzen. Paprika-, Tomaten- und Zwiebelwürfel in die Pfanne geben und darin 5 Minuten dünsten. Pfanne vom Herd nehmen. Entstandene Flüssigkeit abgießen.

1 Bund glatte Petersilie waschen, trocken schütteln und mit dem Wiegemesser fein hacken.

200 g mildes Ajvar (alternativ: 100 g Pizzatomaten aus der Dose) mit
4 EL Tomatenmark in einer Schüssel gut verrühren. Tomaten-, Paprika- und Zwiebelwürfel sowie die gehackte Petersilie untermischen und mit dem Pürierstab fein pürieren. Mit

Pfeffer,
Meersalz und
1 TL Zucker abschmecken.

Tipp Der würzige, milchfreie Dip ist ideal für Kinder, die keine Milch vertragen.

Für 10 Kinder

Arbeitsgeräte Backofen, Kartoffelbürste, Alufolie, Fettpinsel, Rost, Küchenmesser

Zubereitungszeit 45–60 Minuten

PICKNICK MIT GRÜNEM
Ofen-Kartoffeln

Backofen auf 200 °C vorheizen.

10 große Kartoffeln (vorwiegend festkochende) gründlich abbürsten. Für jede Kartoffel ein Stück Alufolie zurecht schneiden und dünn mit etwas Öl einpinseln. Kartoffeln darin einwickeln und auf den Rost des Backofens legen.

Je nach Größe brauchen die Kartoffeln 45–60 Minuten bis sie gar sind. Sie sind fertig, wenn sie sich leicht einstechen lassen. Die fertigen Kartoffeln oben kreuzweise einschneiden. Auf die Seiten drücken, damit die Schnittflächen aufspringen.

Mit Wiesen-Dip oder Pizza-Dip servieren.

Für 10 Kinder (ca. 40 Bällchen)

Arbeitsgeräte Backofen, Schneidebrett, Küchenmesser, große Schüssel, Waage, Messbecher, Esslöffel, Teelöffel, Kochlöffel, Sparschäler, Raspelreibe, Wiegemesser, Gabel, Backbleche, Backpapier, kleine Schüssel, Fettpinsel

Zubereitungszeit 50 Minuten

Ringelraupe

Backofen auf 200 °C vorheizen. (Da 2 Bleche in den Ofen kommen, sollte Umluft verwendet werden, sonst die Bleche nach halber Backzeit tauschen).

400 g Grünkernschrot mit
3/4 Liter Gemüsebrühe aufkochen und 15 Minuten schwach köcheln lassen, dabei öfter umrühren. Dann auf der ausgeschalteten Herdplatte etwas nachquellen lassen.

3 mittelgroße Karotten schälen und fein raspeln.

1 Bund Petersilie waschen, trocken schütteln, die Blätter von den Stielen zupfen und mit einem Wiegemesser fein hacken.

1 Knoblauchzehe schälen und pressen.

200 g Feta-Käse mit einer Gabel zerbröseln. Den ausgequollenen Grünkernschrot mit den geraspelten Karotten, der Petersilie, dem Knoblauch, dem Feta-Käse und

3 Eiern in einer großen Schüssel verkneten. Nach und nach
5–8 EL Haferflocken unterkneten, bis die Masse gut formbar ist. Mit
2 TL Meersalz und
Pfeffer würzen.

Butter oder Margarine 2 Backbleche mit einpinseln. Mit angefeuchteten Händen aus der Masse tischtennisballgroße Bällchen formen, in
75 g Sesam wenden und vorsichtig auf das Backblech setzen. Auf jedes Bällchen
ein Flöckchen Butter geben.

Auf der mittleren Schiene im Backofen in ca. 15 Minuten goldbraun backen.

Grünkern ist unreif geernteter Dinkel. Nach der Ernte wird er **gedarrt** (getrocknet).

Grünkern wurde vor etwa 200 Jahren in Süddeutschland zum ersten Mal hergestellt. Wegen des schlechten Erntewetters wurde der Dinkel schon vor der Reife geerntet und in Blechpfannen über offenem Feuer getrocknet. Das gab den grünen Körnern ein **nussig-würziges Aroma** – und macht Grünkern als Variante des Dinkels bis heute beliebt.

Tipp Dazu passt z. B. der Wiesen-Dip von Seite 32, die Paprika-Karotten-Sauce von Seite 40 oder Sauerrahm.

35

QUATSCH MIT Sauce.

Für **Schnellkoch-Dinkel** werden die Getreidekörner sanft poliert. Dabei wird die Oberfläche des Korns so weit aufgeschlossen, dass der Dinkel nur noch eine **kurze Garzeit** hat, seine **wertvollen Inhaltsstoffe** aber weitgehend erhalten bleiben.

Dinkel schmeckt leicht nussig und ist sehr **nähr- und ballaststoffreich**.

2 Maiskolben (alternativ : 1 Dose Mais) von Blättern und Fäden befreien, waschen. Die Kolben auf ein Brett legen und die Körner vom Kolben schneiden.

2 Zwiebeln schälen und fein würfeln,
3 Knoblauchzehen schälen und pressen.

3 EL Butter in einem Topf erhitzen, Maiskörner, Zwiebeln und Knoblauch darin andünsten. Immer wieder umrühren.

Tipp Umrühren können schon die Kleinsten, unter Aufsicht. Die Älteren können Zwiebel, Knoblauch und Zucchini schneiden. Sorgen Sie für gutes Arbeitsgerät: Die Arbeit mit einem scharfen Messer auf einem großen Brett birgt weit weniger Verletzungsgefahr als ein stumpfes Messer.

500 g Dinkel schnellkochend dazugeben und unter Rühren rundherum glasig dünsten.
Mit
1 Liter Tomatensaft und
1/4 Liter Wasser ablöschen und alles aufkochen lassen. Bei schwacher Hitze ca. 25 Minuten zugedeckt köcheln lassen, dabei immer wieder umrühren.

4 mittelgroße Zucchini klein würfeln und nach 15 Minuten Kochzeit zusammen mit
1–2 TL getrocknetem Basilikum zugeben.

Statt der Zucchini **Erbsen**, **Karotten-**, **Kohlrabi-** oder **Paprikawürfel** zum Risotto geben. Tomatensaft durch **Gemüsesaft** ersetzen oder, für eine cremigere Variante, **halb Brühe, halb Milch** verwenden.

Risotto mit
Meersalz und
Pfeffer würzen.

Dazu passt frisch geriebener Parmesan oder ein Dip aus 1 Becher Sauerrahm, 1 in Röllchen geschnittenen Bund Schnittlauch und etwas Salz und Pfeffer.

Für 10 Kinder

Arbeitsgeräte Herd, Küchenwaage, Messbecher, Küchenmesser, Schneidebrett, Knoblauchpresse, Kochtopf, Kochlöffel, Esslöffel, Teelöffel

Zubereitungszeit 40–50 Minuten

Für 1 Blech

Arbeitsgeräte Backofen, Backblech, Waage, Messbecher, große Schüssel, Geschirrtuch, Tomatenmesser, Schneidebrett, Küchenmesser, Kochlöffel, Esslöffel, Teelöffel

Zubereitungszeit 1 Stunde Arbeitszeit (mit Gehzeit + 15 Minuten Backzeit)

Pizza PUZZLE

Teig

300 g Weizenmehl Type 1050 mit
1 Päckchen Trockenhefe,
1 TL Meersalz und
1 Prise Zucker in einer großen Schüssel mischen. Nach und nach
150 ml lauwarmes Wasser unterkneten, bis der Teig nicht mehr klebt. Den Teig mit bemehlten Händen gut durchkneten. Schüssel mit
etwas Mehl ausstreuen, Teig in die Schüssel geben und mit einem Geschirrtuch abdecken. An einem warmen Ort 30–45 Minuten gehen lassen, bis er sein Volumen etwa verdoppelt hat.

Inzwischen den Belag vorbereiten.

Den Pizzabelag nach Lust und Laune variieren, z. B. mit **Champignonscheiben**, **Raspelmöhren**, **Zwiebelringen**, blanchierten **Spinatblättern**, **Schinkenwürfeln**, **Thunfischstücken** oder **Reibekäse**.

Belag mit Salami

1 kleine gelbe Paprika waschen und halbieren. Stiel, Kerne und weiße Zwischenwände entfernen, Paprika in Würfel schneiden.

1 kleine Zucchini waschen und die Enden entfernen. In dünne Scheiben schneiden.

2 Kugeln Mozzarella (à 125 g) abtropfen lassen und in Scheiben schneiden.

Backofen auf 220 °C vorheizen. Ein Backblech mit Backpapier auslegen.
Den aufgegangenen Teig noch einmal gut durchkneten und auf einer bemehlten Arbeitsfläche auf Backblech-Größe ausrollen. Teig auf das Blech legen und rundherum bis an den Rand drücken.

2 EL Tomatenmark und
5 EL Tomatenstücke aus der Dose verrühren und auf dem Teig verteilen. Mit
Meersalz und
Pfeffer würzen. Mit Zucchini, Paprika und Mozzarella belegen. Pizza im vorgeheizten Backofen (unterste Schiene) etwa 15 Minuten backen. Dann erst
8 dünne Scheiben Salami auf die Pizza legen.

Für **süße Brötchen** das Wasser im Teig durch **Milch** oder **Apfelsaft** ersetzen und **1–2 EL Zucker** zugeben.

12 Brötchen formen und vor dem Backen mit 1 verquirlten Ei einpinseln. Nach Wunsch mit **Mandelblättchen** bestreuen.

Für 10 Kinder

Arbeitsgeräte Küchenmesser, Schneidebrett, Waage, Messbecher, Sparschäler, Reibe, Topf, Kochlöffel, Esslöffel, Pürierstab, Schneebesen, Zitronenpresse

Zubereitungszeit 40–50 Minuten

Lara-NUDELN

3 rote Paprika	waschen und in kleine Würfel schneiden.
3 mittelgroße Karotten	waschen, schälen und grob raspeln.
2 EL Dinkelmehl Type 1050	und
2 EL Butter	zu Krümeln verkneten.
2 EL Butter	in einem Topf erhitzen. Paprikawürfel und Karottenraspel darin unter Rühren andünsten.
	Wenn das Gemüse beginnt zu bräunen,
1/2 Liter Karottensaft	zugeben. Kurz aufkochen lassen, mit
Meersalz	und
Pfeffer	würzen. Butter-Mehl-Krümel nach und nach einrühren, bis sie sich aufgelöst haben. 10 Minuten bei schwacher Hitze mit Deckel köcheln lassen, dabei immer wieder umrühren. Topf vom Herd nehmen und die Sauce mit dem Pürierstab fein pürieren. Sauce einmal aufkochen.
4 EL Zitronensaft	und
250 g Frischkäse	unterrühren und die Sauce abschmecken.

Diese Sauce ersetzt die Gemüsebeilage!

Sie wird mit viel frischem Gemüse und Karottensaft gekocht und ist deshalb randvoll **mit Vitaminen, Mineralstoffen und Bioaktivstoffen**, allen voran Karotin, das wichtig für den Zellschutz ist.

Dass sie trotzdem auch hart gesottene Gemüsemuffel überzeugt, hat sie ihrer milden Cremigkeit und dem Pürieren zu verdanken.

So wird die Sauce frischer:
1/3 der Paprikawürfel erst am Ende zugeben

und nur noch kurz in der Sauce ziehen lassen.

So wird die Sauce gehaltvoller:
4 EL geröstete Pinienkerne mit pürieren oder
am Ende **100 g gewürfelten Kochschinken** zugeben.

500 g Dinkelnudeln	nach Packungsanweisung in reichlich Salzwasser bissfest kochen, abgießen und mit der Sauce servieren.

	Für 10 Kinder:
Arbeitsgeräte	Wasserkocher, Küchenmesser, Brett, Zitronenpresse, Waage, Messbecher, große Schüssel, Kochtopf, Kochlöffel, Wiegemesser, Knoblauchpresse, Gabel
Zubereitungszeit	50 Minuten

KUSS *Kuss*

1 große Zitrone	halbieren und auspressen.
350 g Couscous	mit 5 EL des Zitronensaftes,
600 ml kochendem Wasser,	
70 ml Olivenöl,	
1 TL Meersalz	und etwas
Pfeffer	in eine Schüssel geben, alles gut durchrühren und 10 Minuten abgedeckt quellen lassen.
3 Frühlingszwiebeln	waschen. Die Wurzeln abschneiden, dann die Zwiebeln in dünne Scheiben schneiden. Die oberen, welken Blattenden nicht verwenden.
1–2 Bund glatte Petersilie	waschen, trocken schütteln, die Blättchen von den Stielen zupfen und mit dem Wiegemesser fein hacken.

1–2 Zucchini,	
2 rote Paprika	und
3 Tomaten	waschen und längs halbieren. Bei den Zucchini die Enden, bei den Paprika Stielansatz und Kerne, bei den Tomaten die grünen Stielansätze entfernen. Alles in möglichst kleine Würfel schneiden.
1 Knoblauchzehe	schälen und zum Couscous pressen.
2 Packungen Feta-Käse (150g)	mit einer Gabel zerdrücken und zusammen mit der Petersilie und dem gewürfelten Gemüse gut unter den Salat mischen.

Basis des Salates ist **Couscous,** ein grober, gleichmäßig gekörnter **Grieß aus Hartweizen**. Er ist schon vorgedämpft und muss nur kurz in heißer Flüssigkeit quellen.

Sie finden ihn im Bio-Laden, in gut sortierten Supermärkten oder im türkischen Lebensmittelgeschäft.

43

Tipp Was auch die Kleinsten schon alleine können: Petersilie mit dem Wiegemesser klein hacken, Feta mit der Gabel zerbröseln und rühren. Das Gemüse schneiden ist eher etwas für die älteren Kinder.

44

Für 12 Muffins

Arbeitsgeräte Backofen, Waage, Messbecher, Teelöffel, Sparschäler, Reibe, Schneebesen oder Handrührgerät mit Quirlen, Muffinform, Papiermanschetten oder Fettpinsel, Kuchengitter

Zubereitungszeit 25 Minuten (+ 25 Minuten Backzeit)

Mümmel
MUFFINS

Backofen auf 200 °C vorheizen.

200 g Karotten waschen, schälen und fein raspeln.

300 g Weizenmehl Type 1050 mit
2 gehäuften TL Backpulver,
1/4 TL Meersalz und
1/4 TL Zimt mischen.

2 Eier kurz verquirlen.

125 ml Rapsöl,
80 g Rohrohrzucker,
1 Päckchen Vanillezucker und
250 ml Vanillejoghurt zugeben und kurz rühren. Die Masse soll nicht glatt gerührt sein! Mehlmischung zugeben und kurz unterrühren, so dass die Zutaten gerade verbunden sind.
Karottenraspel unter den Teig ziehen.

Tipp Die Zutaten für den Teig nur grob verrühren, dann werden die Muffins locker-luftig. Wird der Teig richtig glatt gerührt, werden die Muffins zäh und fest.

Für herzhafte Muffins das Weizenmehl durch **Maismehl** und den Vanillejoghurt durch **Naturjoghurt** ersetzen. Zucker und Zimt weglassen, das **Meersalz** auf **1 1/2 TL** erhöhen und **100 g gewürfelten Kochschinken** unter den Teig heben.

Vegetarisch wird's durch **Feta**-Würfelchen oder **Gouda**-Raspel statt Schinken.

etwas Öl Eine Muffinform (12 Mulden) mit auspinseln oder mit
12 Papiermanschetten auskleiden. Teig gleichmäßig auf die 12 Mulden verteilen. Muffins mit
4 EL gehackten Mandeln bestreuen. Auf der mittleren Schiene in ca. 25 Minuten goldbraun backen. Erst in der Form, dann auf einem Gitter auskühlen lassen.

Da Mais im Gegensatz zu anderen Getreidesorten wie Weizen, Hafer, Dinkel oder Roggen kein Gluten (Klebereiweiß) enthält, vertragen ihn auch Kinder, die unter Zöliakie leiden.

Maismehl muss frisch sein, denn es wird schnell ranzig und schmeckt dann bitter.

Für 10 Portionen:

Arbeitsgeräte Waage, Küchenmesser, Schneidebrett, hohes Rührgefäß, Pürierstab, Kochlöffel, Esslöffel

Zubereitungszeit 20 Minuten

Dalmatiner QUARK

Tipp Sie können den Quark gut vorbereiten und abgedeckt im Kühlschrank kalt stellen. Die Schokoladenraspel aber erst kurz vor dem Servieren unterrühren, dann bleiben sie schön knackig.

4 reife Bananen schälen und mit dem Messer grob zerteilen. Mit
2 EL Zitronensaft in ein hohes Rührgefäß geben und mit dem Pürierstab pürieren.

Für **Früchtequark** die Raspelschokolade weg lassen
und **350 g vorbereitete Früchte** (z.B. **Beeren**, **Äpfel** oder **Orangen**)
klein geschnitten oder püriert unter den Quark rühren.

1 kg Speisequark mit
etwas Mineralwasser glatt rühren.

3 EL Agavendicksaft,
100 g Raspelschokolade und das Bananenpüree unter die Quarkmasse rühren.

So wird die Quarkspeise zum leckeren Stieleis: Quarkmasse in Eiswürfel-Portionierer füllen.
Strohhalme in ca. 5 cm lange Stücke schneiden und als Stiel in die Eiswürfel stecken.
Mindestens 5 Stunden gefrieren lassen.

Milchprodukte sind die Lebensmittel mit dem höchsten Kalziumgehalt – das macht Knochen und Zähne stark und ist deshalb für Kinder besonders wichtig.

Das **Kalzium**, was sie in der Kindheit in ihre Knochen und Zähne einlagern, ist die **Reserve für das ganze Leben**. Gut versorgt ist ein Kindergartenkind mit einem halben Liter Milch oder entsprechend viel Milchprodukten am Tag.

47

Dinkel-
mehl

Für ca. 40 Kekse

Arbeitsgeräte Backofen, 2 Backbleche, Backpapier, Waage, Schüssel, Messer, Esslöffel,
Teelöffel, Nudelholz, Ausstecher, evtl. feines Sieb, kleiner Topf, Becher

Zubereitungszeit 15 Minuten (+ 1 1/2 Stunden für Ausstechen, Backen und Verzieren)

KEKS-
Monster

Backofen auf 180 °C vorheizen. Backbleche mit
Backpapier auslegen.

Für **Nussplätzchen 75 g** des Mehles durch **gemahlene Haselnüsse oder Mandeln** ersetzen.

**350 g Dinkel- oder Weizenmehl
Type 1050** in einer Schüssel mit
**80 g Rohrohrzucker,
2 Päckchen Vanillezucker,
1 guten Prise Meersalz** und
1 TL Weinstein-Backpulver mischen.

Für **Schokoplätzchen 2 EL Kakaopulver** zum Mehl geben.

180 g weiche Butter klein schneiden und zusammen mit
1–2 EL Crème fraîche dazu geben. Teig mit den Händen verkneten,
wenn nötig, noch etwas Wasser zugeben.

Den Teig auf einer bemehlten Arbeitsfläche etwa
1/2 cm dick ausrollen. Mit Ausstechern Kekse
ausstechen und auf das Backblech legen. Mit
Nüssen oder Saaten verzieren und auf der mittleren Schiene etwa
15 Minuten backen, bis sie goldbraun sind.

Für **Zimtkekse** die Kekse vor dem Backen mit **verquirltem Eiweiß**
bestreichen und mit **Zimtzucker** bestreuen.

Tipp Sie können den Teig schon
am Vortag zubereiten und über
Nacht im Kühlschrank lagern.

**Zum Verzieren nach dem
Backen: Puderzucker,
Kuvertüre, Streusel usw.** Die fertigen Kekse nach Lust und
Laune mit Puderzucker bestäuben, mit
Schokoladen- oder Puderzuckerglasur
überziehen, mit Zucker- oder
Schokoladenstreusel bestreuen...

Für 12 Waffeln

| **Arbeitsgeräte** | Waage, hohes Rührgefäß, Handrührgerät, hohes Rührgefäß, Schüssel, Messbecher, Raspel, Teelöffel, Teiglöffel, Waffeleisen, Fettpinsel, kleines Sieb |

Zubereitungszeit 30–40 Minuten

| **5 Eier** | trennen. Eigelbe zur Seite stellen. Eiweiß mit |
| **1 Prise Meersalz** | im hohen Rührgefäß mit dem Handrührgerät zu festem Eischnee schlagen. |

| **150 g weiche Butter** | und |
| **60 g Vollrohrzucker** | in einer Schüssel mit dem Handrührgerät schaumig rühren. Die Eigelbe und dann nach und nach |

1/2 Liter Buttermilch,	
350 g Weizenvollkornmehl,	
80 g Haferflocken	und
1/2 TL Zimt	unterrühren.

| **2 kleine säuerliche Äpfel** | waschen, grob raspeln und unter den Teig rühren. Den Eischnee vorsichtig mit dem Teiglöffel unter den dickflüssigen Teig heben. |

Waffelteig 10 Minuten zum Ausquellen stehen lassen.

Waffeleisen anheizen und die Backflächen mit

| **etwas Butter** | einpinseln. |

Pro Waffel 2 EL Teig auf das Waffeleisen geben. Jede Waffel in etwa 1–2 Minuten goldbraun backen. Fertige Waffel mit

| **Puderzucker** | bestäuben. |

Tipp Schmeckt prima mit Apfelmus, Kompott, Obstsalat oder dem Obstquark von Seite 46.

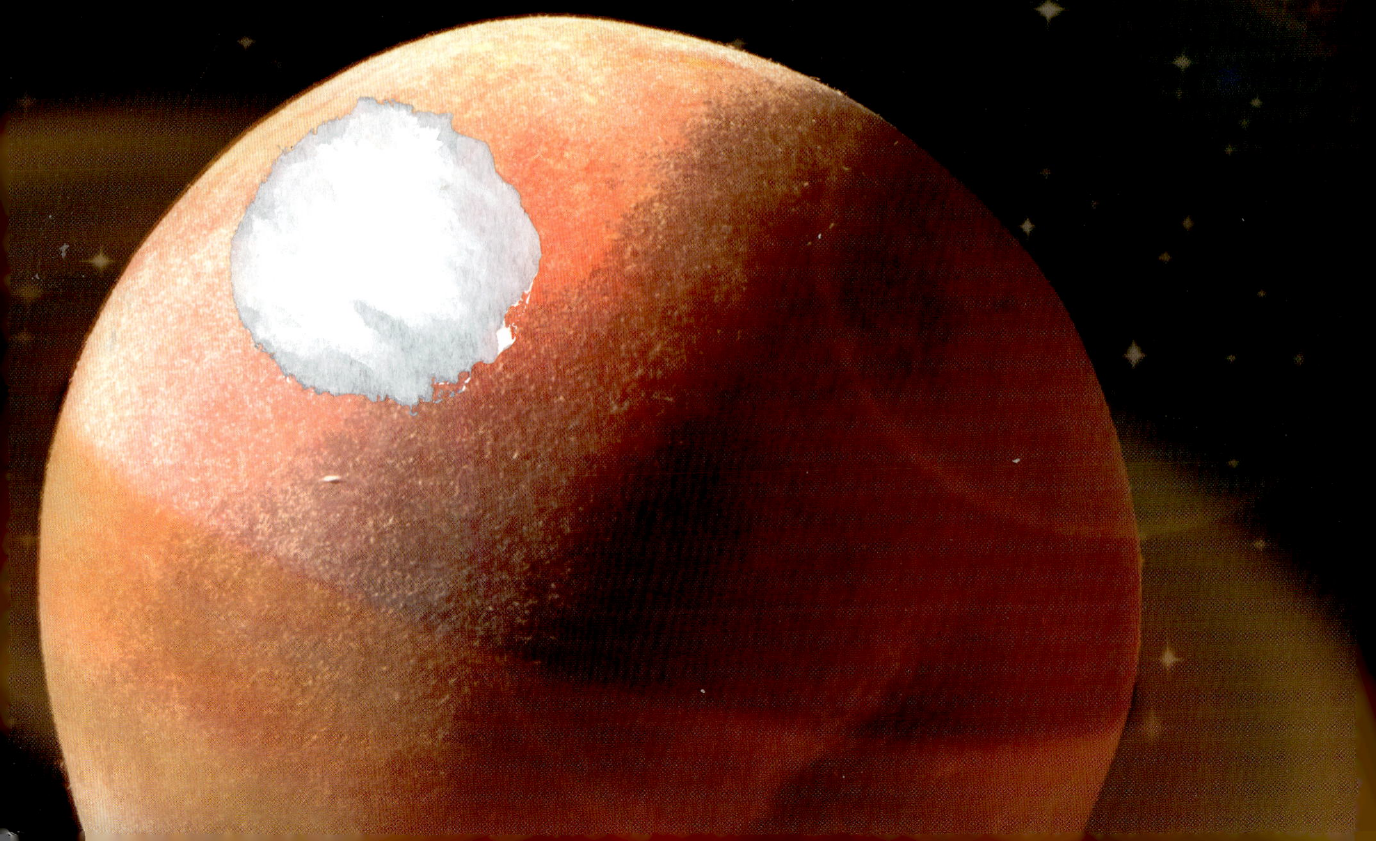

Süße
WAFFEL-
Ufos

51

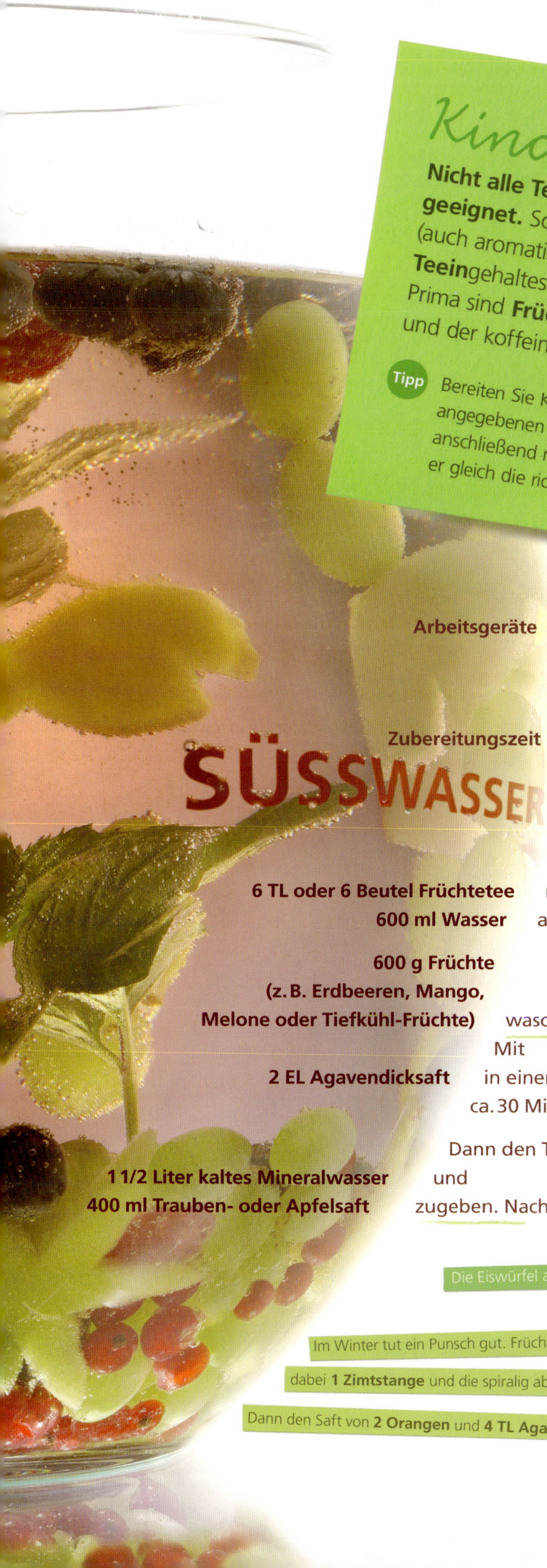

Kindertee & Co

Nicht alle Teesorten sind für Kinder geeignet. Schwarzer Tee und Grüntee (auch aromatisiert) sind wegen ihres **Teein**gehaltes (= Koffein) nichts für Kinder. Prima sind **Früchte- und Kräutertees** und der koffeinfreie **Rooibostee**.

Tipp Bereiten Sie Kindertee nur mit der Hälfte des angegebenen Wassers zu und füllen Sie ihn anschließend mit kaltem Wasser auf: So hat er gleich die richtige Trink-Temperatur.

Für ca. 3 Liter Bowle

Arbeitsgeräte Teenetz oder Teeei, Teekanne, Wasserkocher, Waage, Messbecher, Teelöffel, Esslöffel, Küchenmesser, Schneidebrett, evtl. Eiswürfelbereiter

Zubereitungszeit 30 Minuten (+ 30 Minuten Ziehzeit)

SÜSSWASSER Bowle

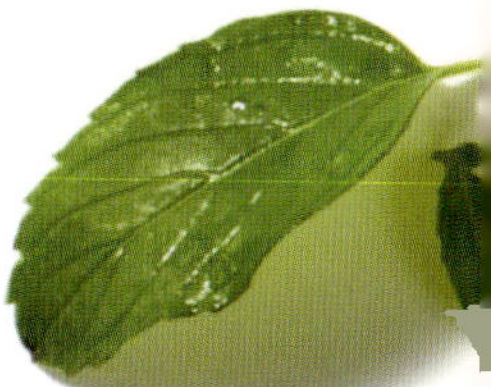

6 TL oder 6 Beutel Früchtetee mit
600 ml Wasser aufbrühen und abkühlen lassen.

600 g Früchte (z. B. Erdbeeren, Mango, Melone oder Tiefkühl-Früchte) waschen, putzen und klein schneiden.

Mit
2 EL Agavendicksaft in einer Schüssel mischen und ca. 30 Minuten durchziehen lassen.

Dann den Tee,
1 1/2 Liter kaltes Mineralwasser und
400 ml Trauben- oder Apfelsaft zugeben. Nach Wunsch mit Eiswürfeln servieren.

Die Eiswürfel aus **Obstsaft** (z. B. Orangen- oder Traubensaft) herstellen.

Im Winter tut ein Punsch gut. Früchtetee (s. oben) mit **1 Liter Wasser** kochen, dabei **1 Zimtstange** und die spiralig abgeschälte **Schale von 2 Orangen** mit ziehen lassen. Dann den Saft von **2 Orangen** und **4 TL Agavendicksaft** zugeben.

56

Nützliche
ADRESSEN

www.oekolandbau.de
Informationsportal der
Bundesanstalt für Lebensmittel
und Ernährung mit Adressen
von Bio-Verkaufsstellen sowie
Infos zur Bio-Warenkunde

www.foodwatch.de
Verein, der sich für
Verbraucherinteressen im
Ernährungssektor einsetzt.

www.gaea.de
Bio-Verband mit Schwerpunkt in
Ostdeutschland, insbesondere Sachsen.
Mit Verzeichnis von Bio-Hofläden,
Bio-Bäckereien und Verkaufsstellen
von Naturkostläden.

www.soel.de
Homepage der Stiftung
Ökologie & Landbau,
die sich für die Weiter-
entwicklung des
Ökologischen Landbaus
engagiert. Informationen
über den Bio-Landbau
weltweit und über
Forschungsprojekte.

www.bioland.de
Homepage des mit über 4.000 Bio-Bauern
größten Öko-Landbauverbands in
Deutschland. Adressen der regionalen
Organisationen, Verzeichnis von Bio-
Bauernhöfen und Verarbeiter-Betrieben,
Bio-Hofläden, Bio-Bäckereien und
Naturkostläden.

www.naturland.de
Großer, auch international
tätiger Bio-Landbau-Verband.
Mit Verzeichnis der regionalen
Organisationen, von Hofläden,
Biobäckereien und Naturkostläden.

www.allesoeko.net
Informationen der
Verbraucherzentralen
rund um das Thema
„Öko-Lebensmittel".

www.demeter.de
Homepage des ältesten Bio-Landbau-
Verbandes in Deutschland.
Adressen regionaler Organisationen.
Übersichtliches Verzeichnis von Demeter-
Verkaufsstellen und Bauernhöfen,
die Besucher empfangen.

www.verbraucherministerium.de
Die Homepage des Bundesministeriums
für Verbraucherschutz, Ernährung und
Landwirtschaft.

www.alnatura.de
Aktuelles zu Alnatura,
zum Alnatura Sortiment,
Rezeptideen und
Wissenswertes rund um
eine abwechslungsreiche
Ernährung

www.boelw.de
Homepage des Bunds
Ökologische Lebensmittelwirtschaft
mit Informationen rund um
die Bio-Branche

www.simsalabio.de
Kinderrezepte online

www.was-wir-essen.de
Verbraucherschutzportal des
aid-infodienst. Themen umfassen
die Lebensmittelkette, Erzeugung,
Verarbeitung, Warenkunde und
Kennzeichnung.

www.bfg.bund.de
Bundesinstitut für Risikobewertung
(früher das BgVV); aktuelle, verständlich
aufbereitete Informationen insbesondere
bei Krisenfällen rund um Lebens- und
Futtermittel.

www.aid.de
Broschüren, Informations-
material und Bücher zum
ökologischen Landbau und
zu gesunder Ernährung,
sowie Material für Lehrer
und Erzieherinnen
(Bezug der Materialien
gegen Entgelt).

www.naturkost.de
Homepage der Zeitschrift
Schrot & Korn mit Rezepten
und ausführlicher Warenkunde
zu Bio-Lebensmitteln.

www.vzbv.de
Homepage des
Bundesverbands
der Verbraucherzentralen
und Verbraucherverbände.

www.verbraucher.org
Homepage der Verbraucher Initiative e.V.
Der Bundesverband kritischer
Verbraucherinnen und Verbraucher betreibt
Datenbanken zur Gentechnik in
Lebensmitteln, Zusatzstoffen in Lebensmitteln
sowie zu Gütesiegeln.

www.gutes-vom-bauernhof.de
Adressen von Hofläden und Bauernmärkten;
Hintergrund-Informationen zum Direkt-
einkauf von ökologisch oder regional erzeugten
Produkten (BMVEL-Informationsservice).

57

Impressum

IDEE, KONZEPT & TEXTE
Alnatura GmbH
Dagmar Freifrau von Cramm
Papenfuss | Atelier für Gestaltung

REZEPTE
Dagmar Freifrau von Cramm
Alnatura GmbH

GESTALTUNG
Papenfuss | Atelier für Gestaltung

FOTOGRAFIE & ILLUSTRATION
Papenfuss | Atelier für Gestaltung

FOTONACHWEIS
tegut … gute Lebensmittel: Seite 5, Mädchen mit Melone

DRUCK
Leo Paper Group

ISBN 978-3-8321-9405-5

Erschienen 2011 im DuMont Buchverlag, Köln
www.dumont-buchverlag.de

Überarbeitete und aktualisierte Ausgabe der Alnatura
Veröffentlichung 2004 zum 20. Unternehmensjubiläum
unter dem Titel „Kinder entdecken Bio"

Unser besonderer Dank gilt:
Dottenfelder Hof in Bad Vilbel, insbesondere Frau Hinterlang;
Freier Waldorfkindergarten Weimar,
insbesondere Angelika Knabe und Christine Schäfer;
Monika und Reinhard Herb

SAISONKALENDER

Säen: | Frühbeet: | Pflanzen, Stecken: | Ernten, Saison:

Jan | Feb | Mär | Apr | Mai | Juni | Juli | Aug | Sep | Okt | Nov | Dez

Basilikum
Blumenkohl
Brokkoli
Bohnen grün
Erbsen
Feldsalat
Getreide
Gurke
Kartoffeln
Kohlrabi
Kohl, weiß/rot
Kürbis
Lauch
Karotten
Paprika
Petersilie
Radieschen
Salat
Schnittlauch
Tomaten
Zucchini
Zuckermais
Zwiebeln
Äpfel
Aprikosen
Birnen
Brombeeren

Säen: Erde auflockern. In Beeten eine Saatrille ziehen, in Töpfen eine Vertiefung formen, die Samen gleichmäßig einstreuen. Mit Erde bedecken, gut andrücken. Regelmäßig gießen.

Pflanzen: Wenn Sie nicht im Freiland ausgesät haben, müssen Sie Ihre Setzlinge ins Beet oder in ein größeres Pflanzgefäß einpflanzen. Zum Pflanzen die Erde lockern, ein kleines Loch graben, etwas Wasser hineingeben und die Pflanze einsetzen. Rundherum Erde anhäufeln.

Frühbeet: Frostempfindliche Pflanzen geschützt aussäen und vorziehen. Das „Freilandleben" vertragen sie erst ab Mitte Mai. Ziehen Sie die Pflanzen auf der Fensterbank an, oder bedecken Sie sie im Freiland z. B. mit Folie.

Ernten: Je nach Standort, Wetter, Aussaat- bzw. Pflanzzeit variiert die Erntezeit.

Für das Gärtnern mit Kindern sind Kräuter besonders geeignet. Sie wachsen schnell, auch auf der Fensterbank, und sind unkompliziert. Radieschen und Karotten lassen sich einfach und über einen langen Zeitraum aussäen, wachsen relativ schnell und gelingen immer. Beeren-Sträucher sind tolle, pflegeleichte und essbare Hecken. Obst- oder Nussbäume sind eine Investition in die Zukunft: Sie brauchen Jahre, bis sie Früchte tragen, können dann aber über Jahrzehnte geerntet werden.

Achtung: Oft fällt die Ernte in die Ferienzeit, das sollten Sie schon beim Säen oder Pflanzen bedenken.

Erdbeeren
Haselnüsse
Himbeeren
Johannisbeeren
Kirschen, süß
Mandarinen
Orangen
Pfirsiche
Pflaumen
Rhabarber
Stachelbeeren
Trauben
Walnüsse